U0867737

基层医生适宜技术培训教材

刮痧疗法

杨茜芸　袁建菱　主编

中医古籍出版社
Publishing House of Ancient Chinese Medical Books

图书在版编目（CIP）数据

刮痧疗法 / 杨茜芸, 袁建菱主编. — 北京 : 中医古籍出版社, 2022.1（2022.8重印）
基层医生适宜技术培训教材
ISBN 978-7-5152-2333-9

Ⅰ.①刮… Ⅱ.①杨… ②袁… Ⅲ.①刮搓疗法—技术培训—教材 Ⅳ.①R244.4

中国版本图书馆CIP数据核字（2021）第189777号

基层医生适宜技术培训教材

刮痧疗法

杨茜芸　袁建菱　主编

责任编辑	张雅娣
封面设计	韩博玥
出版发行	中医古籍出版社
社　　址	北京市东城区东直门内南小街16号（100700）
电　　话	010-64089446（总编室）010-64002949（发行部）
网　　址	www.zhongyiguji.com.cn
印　　刷	廊坊市鸿煊印刷有限公司
开　　本	710mm × 1000mm　1/16
印　　张	6
字　　数	55千字
版　　次	2022年1月第1版　2022年8月第2次印刷
书　　号	ISBN 978-7-5152-2333-9
定　　价	49.00元

编委会

总主编　岳增辉　杜杰慧

主　编　杨茜芸　袁建菱

副主编　张国山　刘　余　潘思安

编　委　吴　霞　李　南　唐雨兰

　　　　罗　坚　童海洋　戚雅涵

主　审　何清湖　常小荣

编写目的

本书面向广大基层医生，以相对通俗易懂的文字、视频和图片介绍刮痧疗法的基础知识、技术方法及临床应用，使得基层医生能快速掌握刮痧技术，防治常见疾病，造福广大基层患者。

《基层医生适宜技术培训教材》由中国中医科学院培训中心、北京华佗职业培训学校联合推广。

序

随着我国小康社会的全面实现，建设健康中国已被纳入国家发展战略规划。《国务院办公厅关于深化医教协同进一步推进医学教育改革与发展的意见》指出：“要对在岗基层卫生人员加强全科医学、中医学基本知识技能和适宜技术培训。”

基层医疗体系是整个公共卫生服务和基本医疗的“网底”，基层医生所肩负的医疗责任也格外重大。而面对基层巨大的健康需求，如何确保广大居民健康得到切实的保障，与基层医生自身医疗水平密切相关。基层医生是我国基层卫生服务主体，承担着全国基层最基本的医疗、预防、保健及健康宣传等卫生服务工作，在改善基层卫生状况中扮演着重要角色。提高基层医生继续教育质量与专业技术水平，成为基层卫生培训工作的重要内容。加强对基层医生的继续教育，切实提升基层医生临床服务能力势在必行。编写一套规范科学、系统全面、深入浅出、通俗实用的基层医生专用的系列教材迫在眉睫。

为满足基层医生的培训教育的需求，中医古籍出版社组织编写了《基层医生适宜技术培训教材》，本丛书将目前临床常用、疗效显著、便于推广应用的中医适宜技术，分为6册，包括《针刺疗法》《艾灸疗法》《拔罐疗法》《按摩疗法》《刮痧疗法》《穴位贴敷法》。参与本丛书编写的作者，均为长期工作在教学、临床一线的骨干人员，他们多年的临床经验和方法技巧在书中都有充分体现。与同类书相比，本书理论言简意赅，技术突出精要，形式开放新颖。

本书在撰写过程中，围绕基层医疗服务的刚需及短板，充分考量基层医生知识结构、学习习惯和工作特点，技术内容凸显中医特色（简、便、廉、验）；独创了图文、视频相结合的表现形式，便于利用互联网进行移动媒体传播，尽量为工作繁重的基层医生提供可视化、可模仿、可操作的学习内容及方式。体现了系统性、科学性、针对性、实用性及易学性。目的就是帮助基层医生在实践中能够系统地运用所学的医学知识，有效的为民众提供健康服务，使基层医疗服务体系在健康中国战略规划的落地实施中发挥应有的作用。

中国中医药信息学会会长

原国家中医药管理局副局长

2021年8月于北京

目录

第一篇 基础篇

第二篇 技法篇

第三篇 临 床 篇

第一篇

基础篇

第一节 刮痧疗法定义

刮痧疗法是以中医皮部理论为基础，用牛角、玉石等各种材质制成的刮痧工具在皮肤相应部位进行刮拭，通过刺激经络系统的皮部、经筋，以激发脏腑经络之气，达到疏经通络、活血化瘀等作用，从而防治疾病的一种外治法，为中医外治法之一。

刮痧时，通过用刮板刮拭体表皮肤，使局部皮肤下的毛细血管扩张、充血甚至破裂。一方面可使腠理开泄，风、寒、湿等外邪得以透达于体外；另一方面可使血流加速，血液循环增强。故而，刮痧具有清热解毒、发汗解表、行气活血、疏筋活络、调和阴阳、调整虚实、增强渗透、防病保健等作用，临床上可用于治疗内外妇儿等各科疾病。

作为一种在我国民间流传较广、被群众普遍接受的保健形式，刮痧疗法具有简单、灵验、方便且廉价等特点。从前的老百姓，哪怕是目不识丁的文盲也曾用它来治病；遇上伤风、感冒、中暑、疼痛，用瓷勺、铜钱刮上一刮，不适感往往会随着痧印的出现而消失；用到的工具可以是名贵的玉石，也可以是一般的瓷器、牛角、铜钱、硬币，甚至于麻绳，工具几乎是垂手可得；而且刮痧油、刮痧板很耐用，一套往往可用很多年，可以自己操作，也可以帮家人操作，成本几乎可以忽略。正因为刮痧有着简、验、便、廉的特点，所以才能长期存在并应用于民间。

第二节 刮痧疗法简史

一、刮痧疗法的起源

刮痧疗法的起源可追溯到新石器时期。我们的祖先在患病时，往往会本能地用手或石片摩擦、刮拭、捶击体表某一部位，无意的刺激使疾病获得缓解，长期积累，逐步形成以砭石治病的方法。这种方法到了春秋战国时期开始盛行，在《史记·扁鹊仓公列传》中、《黄帝内经》中均可见到关于刮痧疗法的早期记载。《史记·扁鹊仓公列传》中扁鹊在虢太子尸厥时，让其弟子取三阳五会用厉针砥石进行治疗；《黄帝内经》中则将砭、针、灸、药、导引列为五大疗法。砥石就是磨细的砂石，以此作工具刮穴位和经络，是今天刮痧板的雏形；砭是指砭石疗法，是今天刮痧的早期萌芽。

二、刮痧疗法的形成与发展

（一）痧症的记载

在宋代王裴《指述方瘴疟论》、明代张介宾《景岳全书》

等书中均提到“挑草子”一词，这是关于痧症的早期记载。最初的“痧”写作“沙”，是指一种病证。在元代危亦林《世医得效方》中“心腹绞痛，冷汗出，胀闷欲绝，俗谓搅肠沙”。痧指痧气或痧胀，为夏秋时分，因感受风寒暑湿之气，或感受疫气，或是秽浊之邪，突然出现身体寒热、头痛头晕、胸腹胀闷疼痛、肢体疲乏、或壮热烦躁、喉咙疼痛、口渴欲饮，或腰如束带、上吐下泻，或欲吐不吐、欲泻不泻，甚则四肢挛急、唇甲青紫等症状的一类病症。

（二）痧症的治疗

在元代杨清叟《仙传外科秘方》、明代王肯堂《证治准绳》、明代虞抟《医学正传》、明代龚廷贤《寿世保元》、明代张景岳《景岳全书》等书中均记载了痧症及治痧的经验。清代夏云集《保赤推拿法》一书中提到：“刮者，医指挨皮肤，略加力而下也。”这是对于相关痧症的具体治疗方法。

（三）刮痧的专著

关于刮痧的第一部专著是清代郭志邃撰写的《痧胀玉衡》，该书从痧症的病源、流行、表现、分类、刮痧工具、刮痧方法以及综合治疗等方面都做了较为详细的论述。如在治疗上指出：“背脊、颈骨上及胸前胁肋，两背肩臂痧，用铜钱蘸香油刮之，或用刮舌刡子脚蘸香油刮之。头额、腿上痧，用棉纱线或麻线蘸香油刮之。大小腹软肉内痧，用食盐以手擦之。”此外，还有清代陆乐山的《养生镜》，也是一部论述刮痧的专著。清代论述痧症的专著日渐增多，共有十多部，而记载刮痧疗法的医书就更多了。

新中国成立后，江静波先生在《刮痧疗法》一书中，将刮痧、放痧、拍法等均以“刮痧”概括，开创了现代研究刮痧之先河。随着全球回归自然疗法的热潮，自20世纪90年代以来，有多部关于刮痧疗法的著作面世，如张秀勤的《全息经络刮痧法》、杨金森的《中国标准刮痧》、李湘授的《特种刮痧运板技巧》、侯志新的《经络微针穴区刮痧法》、孔垂成的《中医现代刮痧教程》、王富春的《刮痧疗法》等数十部。而杨金生、张丽的《亚健康刮痧调理》作为亚健康专业系列教材走进了中医院校的课堂。从此刮痧疗法登上了医疗保健的舞台。

第三节　操作工具

一、刮痧工具

（一）刮痧板的选择

刮痧板是刮痧的主要工具，应根据刮拭部位的生理结构、操作手法等进行选择。选择时应注意以下几条：

1. 边缘光滑，不伤皮肤

因为刮痧板需要在体表皮肤上不断做刮拭动作，故而要求边缘光滑。如果边缘有破损、缺口，极容易在刮拭的过程中损伤皮肤。

2. 刮板边缘要贴合皮肤

因为人体各部分的生理结构原因，体表皮肤凹凸不平，为了接触更多的体表皮肤，要求所选刮痧板要尽可能贴合皮肤。

3. 外形便于持握

因为操作者需要长时间持握，故而外形乘手，操作时抓握方便，且不容易出现疲惫的感觉。

4. 外形适合各种手法

刮痧疗法中不仅有最常用的边刮法，还有梳刮法、角刮法、按揉法等，因此除了常规的刮痧板外，还有用于梳刮法的梳形的刮痧板、用于按揉法的三角雀等；治疗刮痧和保健刮痧对于刮痧刺激量要求不一，故而有用于防病保健的厚边，用于治疗疾病的薄边。

5. 材质天然，无毒副作用

目前的刮痧板中，有些为塑料质地，这种材质的刮痧板在刮拭皮肤的时候容易产生静电，伤害皮肤。故而选择刮痧板时，纯天然材质的刮痧板是首选，其次是瓷质的、金属质地的。

（二）刮痧板的材质

刮痧板的材质古往今来各有不同，有纯天然的，如水牛角、玉石、砭石、木头、贝壳类（如蛤壳）等，此外还有瓷质（如汤匙）、金属质地（如铜钱、硬币）、木制品（如木梳），甚至塑料制成的刮痧用具。不同材质的刮痧板其特点不一致，功效也不一致。此处介绍天然材质的刮痧板的特点功效如下：

1. 水牛角（见图1-1）

【特点】质地坚韧，光滑耐用，材料易得，加工简便，易于消毒保存。

【功效】发散行气，清热解毒，活血化瘀。

图1－1

2. 玉石（见图1-2）

【特点】质地温润光滑，便于持握，触感舒适，适宜面部刮痧。

【功效】润肤生肌，清热解毒，镇静安神。

图1-2

3. 砭石（见图1-3）

【特点】含有多种微量元素，红外辐射频带极宽。

【功效】疏通经络，清热排毒，软坚散结。

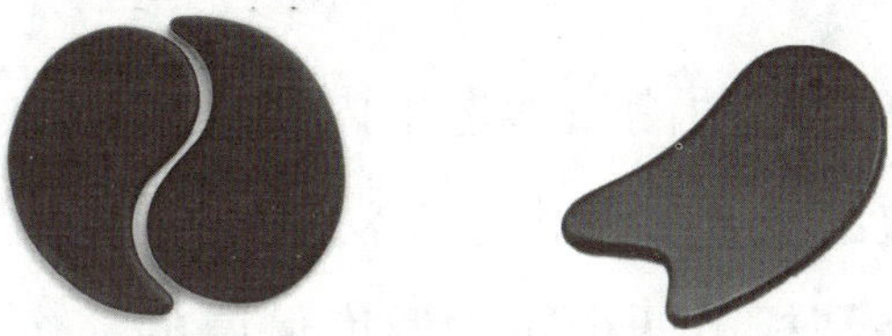

图1-3

4. 树脂蜜蜡（见图1-4）

【特点】质地温润光滑，触感舒适。

【功效】生肌定痛，补中益气。

图1-4

（三）刮痧板的结构

刮痧板一般加工成长方形，边缘光滑，四角钝圆。刮板的两长边，一边稍厚，一边稍薄。外凸的薄边用于人体相对平坦部位刮痧，如背腰、胸腹部，且薄边多用于治疗刮痧；凹陷的厚边多针对于人体一些凹凸不平之处，如肩关节、肘关节等部位，且厚边多用于保健刮痧。常用的刮痧板结构如下：

1. 方形刮痧板（见图1-5）

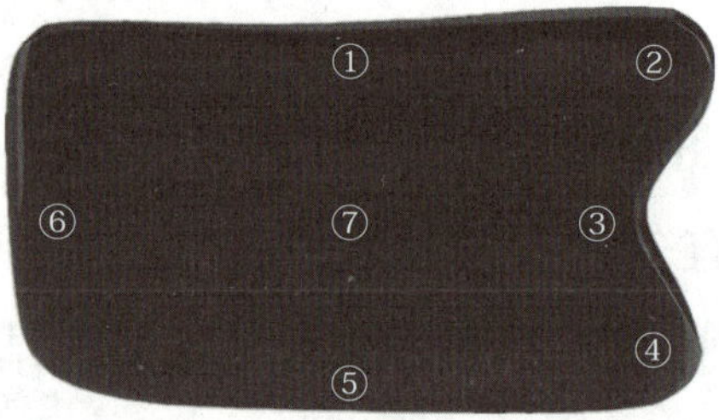

图1-5

①厚边：刮板两侧弧形边中内凹且偏厚的一边，常用于保健刮痧时的边刮法，以及由边刮法衍生的各种手法。

②厚角：刮板上两个角中厚度偏厚的一个，常用于保健刮痧时的点压法。

③凹形边：刮板一头向内凹陷的弧线边，常用于手指、足趾等关节凸起部的刮拭。

④薄角：刮板上两个角中厚度偏薄的一个，常用于治疗刮痧时的点压法。

⑤薄边：刮板两侧弧形边中偏薄的一边，常用于治疗刮痧时的边刮法，以及由边刮法衍生的各种手法。

⑥板头：一头向外凸出的弧线边，可用于掌心、足心的刮

擦法。

⑦板体：两面光滑，本身有一定重量，常用于摩擦法、拍法等手法。

2. 弧形刮痧板（见图1-6）

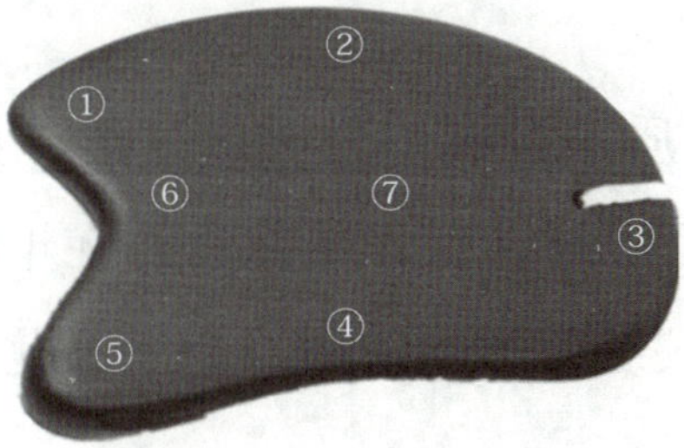

图1-6

①薄角：刮板上两个角中厚度偏薄的一个，常用于治疗刮痧时的点压法。

②薄边：刮板两侧弧形边中偏薄的一边，常用于治疗刮痧时的边刮法，以及由边刮法衍生的各种手法。

③板头：刮板一头向外凸出的弧线边，可用于做循经的擦法。

④厚边：刮板两侧弧形边中偏厚的一边，常用于保健刮痧时的边刮法，以及由边刮法衍生的各种手法。

⑤厚角：刮板上两个角中厚度偏厚的一个，常用于保健刮痧时的点压法。

⑥凹形边：刮板一头向内凹陷的弧线边，常用于手指、足趾等关节凸起部的刮拭。

⑦板体：两面光滑，本身有一定重量，常用于摩擦法、拍法等手法。

（四）刮痧板的保存

1. 刮痧板每次使用后先用肥皂水洗净擦干，再用酒精擦拭消毒。

2. 刮痧板因不适合高温高压蒸汽消毒，故为避免交叉感染，最好专人专板。

3. 水牛角材质刮痧板怕过干、过湿，如果长时间置于潮湿之地，或浸泡于水中，或长时间暴露在干燥的空气中，均会发生变形、产生裂纹，影响使用寿命。因此不用时最好放在塑料袋或皮套内保存。

4. 玉石、砭石材质刮痧板相对比较脆，故在日常保存时要避免磕碰。

二、刮痧介质

为了利于手法实施，防止刮痧板接触皮肤时摩擦造成的不适感，或者为了增强相应疗效，刮痧之前，一般需在皮肤表面涂上具有润滑作用，或有某种功效的介质。现在常用的不同种类和不同功效的刮痧介质如下：

（一）根据状态分类

1. **液态类：**此类介质的流动性强，容易涂抹，如水、麻油及一些特制的刮痧油。

2. **固态类：**此类介质的流动性差，但润滑作用较好，如凡士林、刮痧乳等。

（二）根据功效分类

1. 刮痧油： 常用的刮痧润滑介质之一，将传统中药与医用润肤油精炼而成。除了润滑之外，还具有清热解毒、活血化瘀、缓解疼痛、解肌发表、帮助透痧等作用，适用于成人刮痧、大面积刮痧或皮肤干燥者。

2. 刮痧乳： 常用的刮痧润滑介质之一。除了保持刮痧油良好作用，另增加一些促进皮肤药物吸收和营养滋润皮肤的成分，故而具有改善血液循环、促进新陈代谢、润肤、通经、透痧和增强刮痧保健效果的作用。相对刮痧油，刮痧乳具有携带方便，刮后可不必擦去，能减少衣物污染等特点，适用于面部、妇女、儿童的保健刮痧。

（三）其他替代品

若无专用的刮痧介质，可利用家庭中常见的材料自制刮痧介质。如：

1. 鸡蛋清

【制备】将生鸡蛋打开，留下蛋清，备用。

【适用范围】热病、久病后期、手足心热、烦躁失眠、嗳气吐酸等病症。

2. 葱姜汁

【制备】取葱白、鲜生姜等量切碎、捣烂，按1：3的比例浸入95%乙醇中，放置3～5日后，取汁液使用。

【适用范围】风寒引起的感冒、头痛等症，以及因寒凝气滞而致的脘腹疼痛等。小儿刮痧时多用生姜汁，因小儿皮肤柔嫩，姜汁十分润滑，刮拭时不易擦破皮肤。

3. 白酒

【制备】取浓度较高的粮食白酒即可。

【适用范围】损伤疼痛日久或麻木不仁、手足拘挛、腰膝酸软无力、癌肿等病症，对发热病人尚有降温作用。

所有的刮痧介质中，刮痧油最为常用。

第四节 刮痧疗法的作用

刮痧疗法是通过外力刺激经络系统的皮部、经筋，来激发脏腑经络之气，从而起到防病保健、延年益寿作用。从另一个角度来看，它是一种特殊的物理疗法，通过刮痧板直接作用于患者身体特定部位皮肤，对机体组织产生压力，使局部毛细血管充血、扩张乃至破裂，从而产生作用。刮痧时因使用的工具不同、操作手法不一、施术部位各异，故而其功效各异，总的归纳起来主要有以下几方面：

一、清热解毒、发汗解表

通过刮痧、挑痧、放痧等手法反复刺激，使汗孔、皮下毛细血管扩张，腠理得以开泄，从而将体内邪气透达体表，秽浊之气得以由里出表，停留在体内的风、寒、湿等外邪、瘀热邪毒从皮毛透达于体外，达到清热解毒、邪自汗解的目的。

二、舒筋活络、行气活血

气为血之帅，气行则血行。通过对皮肤的刮拭刺激，使局部组织温度升高，气血运行得以加速，随着气血运行，经络畅通，肿消痛止，即所谓“通则不痛”。另外刮拭所产生的良性刺激，可调节体内镇痛物质内啡肽，提高局部组织的痛阈，减轻疼痛，缓解痉挛；加速局部和相应脏器组织的血流，增强血液循环，改善组织营养，使因缺氧或代谢产物堆积而引起的紧张或痉挛的肌肉得以舒展，从而消除疼痛。

三、调和阴阳、调整虚实

中医认为“阴平阳秘，精神乃治”，阴阳失调则百病丛生，说明保持机体阴阳的相对平衡是防病治病的重要保证。刮痧对机体所产生的良性刺激，通过皮肤的神经感受器和血管感受器的反射，传导到神经中枢，通过调节神经的兴奋与抑制作用，使机体的各个系统功能得以调整，机体的阴阳趋向于相对平衡，从而达到阴平阳秘的协调状态，刮痧对内脏功能有明显的双向良性调整阴阳平衡的作用。

当气血凝滞或血脉空虚时，刮拭刺激可以引导人体营卫之气的输布运行，推动气血以濡养脏腑，使虚弱的脏腑得以振奋，祛除病邪的能力加强。当脏腑经脉气机逆乱、升降失常时，可通过刮拭来协助气机恢复正常，达到平衡状态。

四、增强渗透、防病保健

刮痧可使部分细胞被破坏，汗腺开泄，增强皮肤渗透性。

既可祛除邪气，又为皮肤局部用药打下基础。

刮痧可使局部瘀血，产生类组胺的物质，随着人体的体液、气血周流于全身，作用于人体各个器官，促进机体的新陈代谢，改善脏腑功能活动，提高机体的整体素质和抗病康复能力，增强免疫功能。

第五节 适应证

刮痧疗法不仅可广泛应用于内、外、妇、儿、五官科等病症，而且能够用于预防、病后恢复、强身健体、美容减肥等。尤其对实热或湿热的急性“痧症”或因气机闭阻、经络瘀滞所致的疼痛、酸胀性症状有立竿见影的功效。

一、刮痧调理内科病症

对于由外感风寒，内有积热或积湿所致内科疾病，刮痧可以疏泄体内因各种原因所积的风邪、寒邪、热邪、湿邪，从而让大大小小的内科病得到治愈或改善，故可用来调理如头痛、失眠、眩晕、咳嗽、哮喘、中暑、感冒、呃逆、胃炎、胃痉挛、腹泻、胆囊炎、腹胀、便秘、泌尿系感染、高血压、低血压、高脂血症、糖尿病、心悸、心绞痛、面神经麻痹、中风后遗症等内科疾病。

二、刮痧调理外科病症

落枕、腰扭伤等各种外科常见痛症是气血急性瘀滞所致，而活血化瘀是刮痧的长项，故可用来调理如落枕、颈椎病、肩周炎、腰痛、膝关节痛、腓肠肌痉挛、足跟痛、荨麻疹、痔疮等外科疾病。

三、刮痧调理妇科病症

刮痧擅长疏通气血。女子以血为本，妇科疾病多与气血不畅通有关。故可用来调理如：月经不调、痛经、闭经、盆腔炎、乳腺增生、更年期综合征等妇科疾病。

四、刮痧调理儿科病症

小儿年幼，肌肤娇嫩，不能很好地配合刮痧治疗，故一般少用刮痧。但小儿又属纯阳之体，机体康复快，只要刮拭刺激到位就会出效果，故可用来调理如小儿腹泻、小儿厌食症、小儿遗尿症等儿科疾病。

五、刮痧调理五官科病症

通过刮拭头面五官，疏通五官周围瘀滞的气血，从而深层调理周围经脉气血，起到防治疾病的作用，故可用来调理如牙痛、鼻窦炎、咽喉肿痛、目赤肿痛、视力减退等五官科疾病。

但任何一种疗法都不是万能的，同样，刮痧疗法也不能包治百病。在某些适应证中，刮痧只能起到辅助治疗作用，还需配合其他疗法进行治疗。

第六节 禁忌证

1. 危重症患者（如急性传染病患者、心功能衰竭、肝肾功能不全及危重病人）禁刮。

2. 恶病质、大病后、手术后患者禁刮。

3. 凝血障碍、有出血倾向的患者（如患有血小板减少症、白血病、贫血的病人）禁刮。

4. 妇女的特殊时期，经期、孕期、哺乳期禁刮，更年期慎刮。

5. 心尖搏动处，皮肤有损伤、溃烂、炎症处，妇女的乳头处，婴幼儿的囟门处禁刮。

6. 精神过于紧张，大病初愈、重病、气虚血亏，过饥、过饱、酒后等均不宜刮痧。

第二篇

技法篇

第一节 持板法

正确持板，方便刮痧操作，做到刮拭省力，效果好。不同形状的刮痧板以及刮拭身体的不同部位持板姿势略有不同。现将常用形状的刮痧板的持板姿势介绍如下：

单手握住刮痧板，刮痧板的板头抵住掌心，拇指与另外四个手指自然弯曲，相对放在刮痧板的两侧（见图2-1）。刮痧板移动方向与皮肤之间呈45°角左右，这样有利于发挥“巧劲儿”（见图2-2）。角度不可太大，不可立刮（即刮板与皮肤呈90°）、铲刮（即像推土车一样向前推铲），否则可能造成患者不适感，或容易刮伤皮肤。

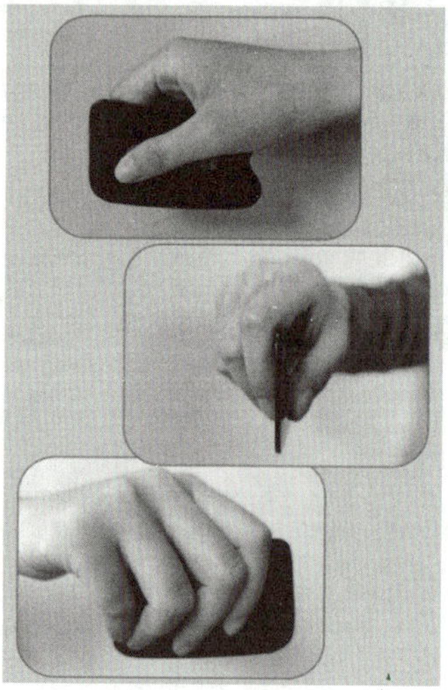

图2-1

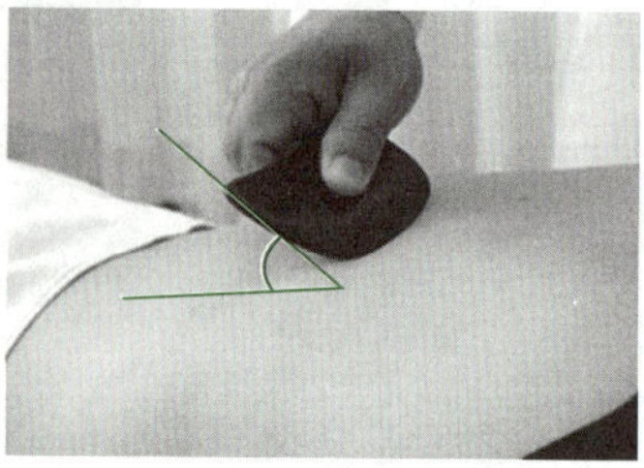

图2-2

第二节 体位选择

一、选择体位的意义与原则

患者在接受刮痧治疗时体位是否合适，对于刮痧操作，防止晕刮都有重要意义。特别是对部分体弱或精神紧张的患者，体位的选择更为重要。如体位不当，刮痧就不能起到应有的效果。

选择体位应该以医生操作方便，患者感到舒适自然，并能持久接受操作为原则。

二、临床常用体位

1. 仰卧位： 适用于头面、胸腹部及四肢的体前刮痧。仰卧位舒适自然，不易疲劳，宜于持久接受操作，是最常选的体位（见图2–3）。

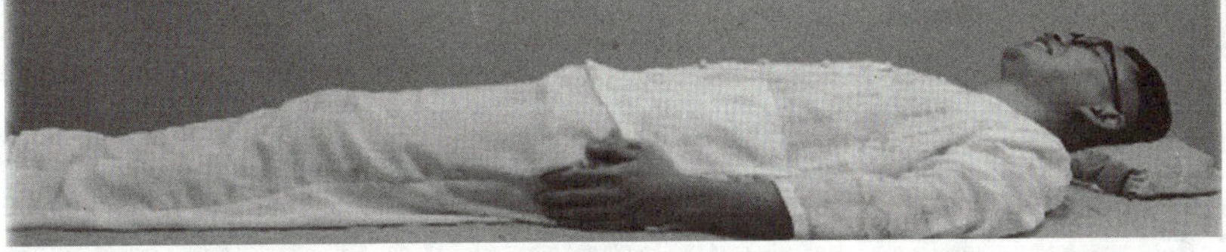

图2–3

2. 俯卧位： 适用于头项、后头、腰背、臀部及下肢后面的体后刮痧（见图2–4）。

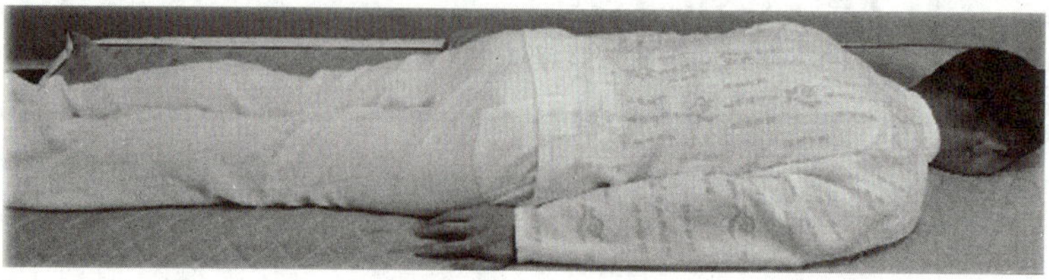

图2–4

3. 侧卧位： 适用于侧头、侧胸、侧腹、臀部及四肢外侧的体侧刮痧（见图2–5）。

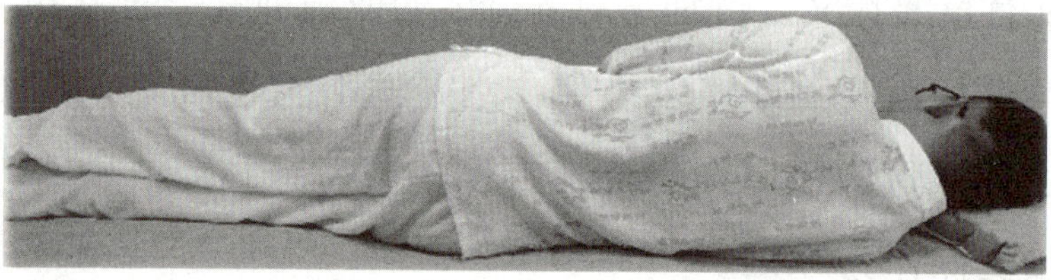

图2–5

4. 仰靠坐位： 适用于头面、颈部、胸部及上肢刮痧（见图2–6）。

5. 俯伏坐位： 适用于头顶、后头、肩背部刮痧（见图2–7）。

6. 侧伏坐位： 适用于侧头部、耳部、颈项部刮痧（见图2–8）。

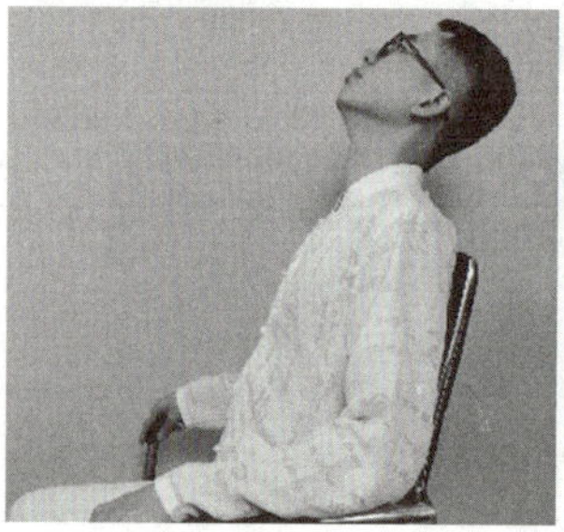

图2–6

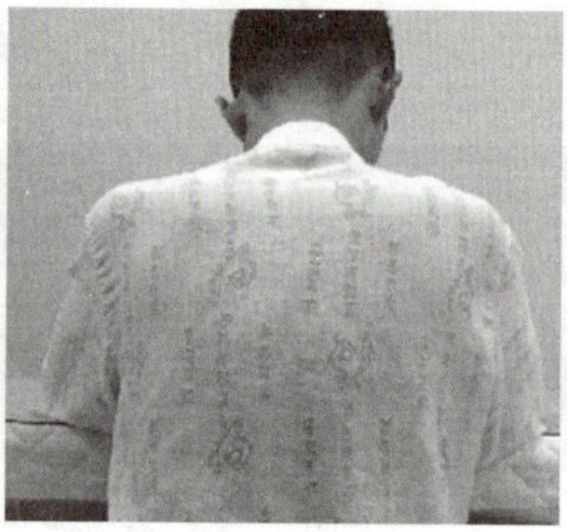

图2–7

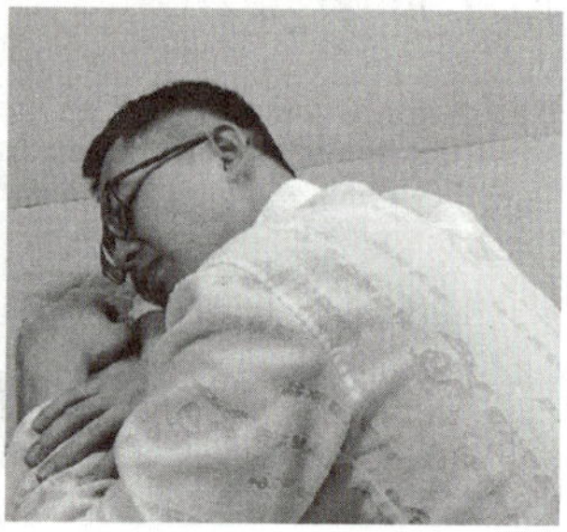

图2–8

第三节 常用操作手法

一、基本手法

1. 边刮法： 边刮法是刮痧疗法中使用频率最高的一种手法。即用刮板的1/3边缘接触皮肤，刮板与刮拭皮肤的方向呈45° 角，利用腕力多次向同一方向刮拭。此法多用于身体比较平坦的部位，如头部、腹部、背部、上下肢等（附：视频2–1）。

视频2–1

2. 角刮法： 角刮法的常用工具是刮痧板的厚角或薄角，或是角形的刮痧板、刮痧棒一端，操作时刮痧板或刮痧棒与皮肤呈45° 左右的夹角，自上而下或自里向外刮拭。此法多用于脊柱两侧、关节周围或局部穴位（附：视频2–2）。

视频2–2

3. 轻刮法： 轻刮法是边刮法的延伸之一，也是初学者常用的手法之一。其特点为刮痧板的板边有约1/2与皮肤接触，移动速度慢、下压刮拭力小，患者一般无感觉。此法多用于女性、幼儿以及年老体弱者，保健刮痧多用此法，操作时应注意

视频2-3

要做到轻而不浮（附：视频2-3）。

4. 重刮法： 重刮法是边刮法的延伸之一。其特点为刮痧板的板边有约1/4与皮肤接触，移动速度快、下压刮拭力大，以患者能承受为度。此法多用于骨关节软组织疼痛性疾病、年轻体壮者、肌肉丰厚处，操作时应注意要做到重而不滞（附：视频2-4）。

视频2-4

5. 直线刮法： 直线刮法是边刮法的延伸之一。其特点为刮板的运动轨迹为直线，运动方向多是从上到下。此法多用于身体较平坦部位，如胸腹部、背腰部以及四肢部（附：视频2-5）。

视频2-5

6. 弧线刮法： 弧线刮法是边刮法的延伸之一。其特点为刮板的运动轨迹随肌肉的走向或骨骼的形状而呈弧形。此法多用于肋间隙、关节周围，因刮拭部位在骨骼周围，操作时手法不宜过重，以免引起患者的不适感（附：视频2-6）。

视频2-6

7. 逆刮法： 逆刮法是边刮法的延伸之一。与常规方向（从上往下刮，从里向外刮）相反，刮板的运动轨迹是从下往上刮，从外往里刮，此法多用于下肢浮肿、静脉曲张等。操作时应注意手法轻柔和缓（附：视频2-7）。

视频2-7

8. 梳刮法： 梳刮法是用梳状刮痧板在头部做有规律的单方向刮拭，刮板与头皮呈45° 角，如梳头状，此法多用于头痛、疲劳、失眠等头项部疾病。操作时应注意动作轻柔和缓，刮拭力量适中，避免因为刮拭时牵拉头发造成病人的不适感；一般逐渐加力，在穴位或痛点处可适当做重刮或点压、按揉（附：视频2–8）。

视频2–8

9. 摩擦法： 摩擦法是用刮板的边、角或面紧贴皮肤或隔衣物进行有规律的边旋转边移动，或做直线往返移动，使皮肤产生热感并适当向深部渗透的一种方法，此法多用于麻木、发凉或隐隐作痛的部位，如肩胛内侧、腰部和腹部。操作时应注意直线或回旋移动的力量小于垂直向下压按之力；且动作要轻柔、移动要均匀，一个部位操作完成后再进行第二个部位（附：视频2–9）。

视频2–9

10. 点压法： 点压法是用刮痧板的厚角与操作部位皮肤垂直呈90° 角，由轻到重逐渐加力，以患者能耐受为度，保持5～10秒后快速抬起，如此反复操作5～10次。此法多用于刮痧力量不能深透或不宜直接刮拭的部位，如肌肉丰厚处、骨骼关节凹陷处，操作时应注意力量要集中在板角，动作要坚实有弹性（附：视频2–10）。

视频2–10

11. 按揉法： 按揉法是用刮痧板的厚角在皮肤上做点压按揉的手法。其特点为有向下的压力，点下后吸定于穴位局部做往复来回或顺逆旋转手法，此法多用于穴位、或阳性反应点的操作。操作时应注意刮板紧贴皮肤不离开，频率较快，每分钟50～100次（附：视频2-11）。

视频2-11

二、特殊手法

1. 平推法： 平推法是刮痧板与皮肤呈5°～15°夹角，单方向推动皮肤，犹如熨衣服状，可单手持板，推动过程中用另一手固定被推皮肤，或双手持两块刮板，用一板压住皮肤固定，另一板推刮。此法适用于额部、下颌部及颈部等，如推抬头纹。操作时应注意刮板紧贴皮肤，力度适中，做到轻而不浮，重而不滞（附：视频2-12）。

视频2-12

2. 平压法： 平压法是用刮板的板体接触皮肤，压一下松一下，连续压5～10次，此法适用于面积较小、皮肤松软不适合刮拭的区域，如迎香、四白等穴周围或嘴唇周边。操作时应注意着力即起、压而不实、力到即止（附：视频2-13）。

视频2-13

3. 旋转法： 旋转法是用刮痧板的边或棱角接触刮拭部位的皮肤，做有规律的顺时针或逆时针方向旋转刮拭，此法适用于肚脐周围、乳房周围和膝关节周围的刮拭。操作时应注意根据局部的组织结构，调整旋转的方向（附：视频2-14）。

视频2-14

4. 推刮法：推刮法是朝着与施术者站立位置相反的方向进行刮拭的一种刮法，如施术者站在受术者的右侧，要刮拭左侧胸部，多采用推刮法。此法适用于施术者站立位置与操作部位不在同侧。操作方法要与铲刮相区别（附：视频2–15）。

视频2–15

5. 弹拨法：弹拨法是用刮板的板边或板角紧贴皮肤，利用腕力进行有规律的点压、按揉和刮拭，在经筋、肌腱处进行快速弹拨，状如弹拨琴弦。此法适用于骨关节、韧带等处。操作时应注意每个部位一次只做3～5次弹拨，手法轻柔，力量适中，速度较快，以便使局部快速解除痉挛、缓解疼痛（附：视频2–16）。

视频2–16

6. 拍打法：拍打法是用刮板的板体拍击体表皮肤，使皮肤逐渐充血，出现瘀点，亦称为击打法，此法适用于背腰部、前臂和下肢腘窝等处。操作时应注意腕力或肘部关节活动之力，使刮痧板在体表上进行有规律的击打，速度均匀，力度和缓（附：视频2–17）。

视频2–17

7. 双刮法：亦称双板刮痧法。是指施术者双手握板，同时刮拭受术者左右两侧。此法适用于脊柱双侧，或双下肢的刮拭。操作时应注意双手均匀用力，平稳操作。该法加快了刮拭速度，但操作时较为费力，适宜于刮痧水平较高者使用（附：视频2–18）。

视频2–18

8. 颤刮法： 颤刮法是一种借助刮痧板的快速按摩手法，施术者将刮痧板的边角与皮肤接触，向下按压并做快速有节奏的（每分钟100次左右）颤动或在颤动时逐渐移动，使受术者消除肌肉紧张，局部放松，缓解疼痛，此法适用于头部、背部和关节部。操作时应注意刮痧板吸定在局部皮肤上，不能离开（附：视频2-19）。

视频2-19

三、综合手法

（一）刮痧拔罐法

刮痧拔罐法是刮痧与拔罐配合使用的一种复合方法，一般先刮痧，然后在刮痧的部位进行走罐或留罐。刮痧具有力度向内和移动的特点，拔罐具有向外和相对固定的优点，两者配合，对颈肩痛、腰背痛以及失眠、痤疮、疲劳等病症有显著的效果。可促进血液循环，加快排毒，此法适用于背部和下肢部（附：视频2-20）。

视频2-20

（二）刮痧按摩法

刮痧按摩法是刮痧与按摩配合使用的一种复合方法。先按摩后刮痧即先做按摩，缓解病痛，同时也能消除受术者对刮痧的顾虑，再做刮痧以增强按摩的效果；先刮痧后按摩主要是针对刮痧后痧象，采用按摩的手法，促进循环和痧斑吸收，提高刮痧保健效果，此法适用于背部和下肢部（附：视频2-21）。

视频2-21

第四节 常用的各部位刮痧法

一、头部刮痧

头为诸阳之会，清阳之府，在头部分布有手足六阳经、督脉、足厥阴肝经等。头部刮痧可以改善头部血液循环，疏通全身阳气，从而防治中风及中风后遗症、头痛、脱发、失眠、感冒、神经衰弱等病症。

由于刮拭的区域有头发覆盖，而刮痧时须用刮板在头发上刮拭，故无须涂刮痧润滑剂。为增强刮拭效果，可使用刮板薄边或刮板角部或梳状刮痧板进行刮拭。每个部位刮30次左右，刮至头皮发热为宜。操作时操作者一手扶患者头部，以保持头部稳定，另一手持刮板进行刮拭。具体操作如下（附：视频2–22）：

视频2–22

1. 刮拭全头部　以百会穴为中心，呈放射状向发际处刮拭。

2. 刮拭前头部　从百会穴向前刮至前发际。

3. 刮拭后头部　从百会穴向后刮至后发际。

4. 刮拭头两侧　从太阳穴刮至风池穴。

5. 点按揉太阳穴 用刮板的板角对太阳穴进行点法、按法、揉法三法结合的手法。

6. 点按揉百会穴 用刮板的板角对百会穴进行点按揉法。

7. 点按揉风池穴 用刮板的板角对风池穴进行点按揉法。

二、面部刮痧

面部分布有手足六阳经、手少阴心经、足厥阴肝经以及任督二脉。此处有丰富的血管和神经。面部刮痧可疏通经络，行气活血，养颜祛斑美容，常用于治疗眼病、鼻病、耳病、面瘫、口腔疾病、雀斑、痤疮以及防衰美容等。

应注意面部日常刮痧可不涂沫刮痧油，但针对面部美容时可使用面部专用的精油。与其他部位不同，面部刮痧不宜出痧，有损美观，故刮痧时宜轻刮，忌重刮，宜采用时间短、力量轻而次数多的刮拭方法（一天数次），最终达到需要的刺激量；面部皮肤要求提升、紧致，故手法上除了保持常规地从内往外刮，横向地从上往下刮（即先刮前额、两颧、再刮下颌）外，还需在刮下颌时有向上提拉的动作，以保证美容养颜的效果。具体操作如下（附：视频2–23）：

视频2–23

1. 刮拭前额部 前额由前正中线向左右两侧，分别做由内向外刮拭。经过阳白、印堂、攒竹、丝竹空等穴。

2. 刮拭两颧部 两颧部分别由内向外刮拭，经过承泣、四白、下关等穴。

3. 刮拭下颌部 以承浆为中心，分别由内向外上刮拭。经过承浆、大迎、颊车等穴。

三、项部刮痧

所有阳经上达头面部时，都要经过颈项部，此处软组织居多。项部刮痧可育阴潜阳、补益正气，常用于治疗颈椎病、感冒、头痛、近视、咽炎等病变。

视频2-24

注意颈后高骨为大椎穴，用力要轻柔，用补法，不可用力过重，可用刮板棱角刮拭，以出痧为度。肩部肌肉丰厚，用力宜重些，从风池穴直到肩髃穴，应一次到位，中间不要停顿。具体操作如下（附：视频2-24）：

1. 刮拭项部正中 刮颈项部督脉，从风府穴刮至大椎穴。

2. 刮项部脊柱两侧 刮颈项部膀胱经，从天柱穴刮至大杼穴。

3. 刮项部外侧 刮拭项部两侧到肩，从风池经肩井、巨骨穴刮至肩髃穴。

四、胸部刮痧

胸部为心肺所居之处，胸部刮痧用于健康人及亚健康人的保健。胸部正中为任脉所循行，刮拭可舒调上焦气机，宽胸理气；

两胁肋部为少阳胆经及厥阴肝经循行部位，刮拭可调畅肝胆气机、升发阳气。操作时注意刮拭胸部正中线用力要轻柔，不可用力过大。胁肋部用刮板板角沿肋间隙刮拭，乳头处禁刮。

胸部刮痧常用于缓解心慌、胸闷、气短、疲劳等症状，也可用于对冠心病、心绞痛、心律不齐、慢性支气管炎、哮喘、肺气肿、乳腺增生、乳腺炎等疾病的预防保健和康复。具体操作如下（附：视频2-25）：

视频2-25

1. 刮拭胸部正中线 自上而下刮拭胸部正中线，从天突穴经膻中穴向下刮至鸠尾穴。

2. 刮拭胸胁部两侧 从正中线由内向外刮，用刮板板角沿肋间隙走向刮拭，注意避开乳头。

3. 点按揉天突穴 用刮板的板角对天突穴进行点按揉法。

4. 点按揉膻中穴 用刮板的板角对膻中穴进行点按揉法。

5. 点按揉鸠尾穴 用刮板的板角对鸠尾穴进行点按揉法。

五、背部刮痧

背部有阳脉之海的督脉和分布有十二脏腑背俞穴的膀胱经，刮拭背部可调节全身气机及五脏六腑的机能，增强免疫力，消除疲劳，预防疾病，具有良好的养生保健作用。操作时应注意刮拭背部正中线时，手法要轻柔，不可用力过大，以免伤及脊椎；可用刮板棱角点按棘突之间，背部两侧可视病人体质、病情选用补泻手法，用力要均匀，中间不要停顿；寻找并重点刮拭背部疼痛处，效果会更好；此处刮痧暴露面积大，要特别注意保暖；腰部两侧脂肪多、肌肉丰厚处需适当用力；女性在月经期和妊娠期间不宜刮拭腰骶部。

视频2-26

背部刮痧对各脏腑系统具有调节作用，尤其对运动、神经系统的作用明显，因而是亚健康刮痧调理中很关键的部位，常用于治疗感冒、腰背疼痛、腰肌劳损等病症。具体操作如下（附：视频2-26）：

1. 刮拭背腰部正中线 由上向下刮拭背部后正中线的督脉，依次经过大椎、至阳、命门、腰阳关等穴；

2. 刮拭背腰部两侧 由上向下刮拭背部两侧的膀胱经，从上到下，先左后右。

六、腹部刮痧

腹部正中为任脉，两侧是肾经、胃经、脾经所循行，此处为十二脏腑募穴之所在。刮拭腹部，可舒畅中焦和下焦气机。两胁肋部为足少阳胆经及足厥阴肝经循行部位，刮拭该处可调畅肝胆气机、升发阳气。腹部为肝、胆、脾、胃、肾、膀胱、大肠、小肠所居之处，经常刮拭腹部可以提高胃肠消化吸收功能、增强人体免疫力，常用于调节和治疗腹泻、便秘、食欲不振、腹胀、腹痛、肥胖等病症。

操作时应注意，腹部脏腑多，刮痧时力度要轻柔；空腹或餐后1小时内禁刮腹部；女性月经期、妊娠期禁刮腹部。腹部刮痧时考虑路线较长，刮痧时可分为上腹部和下腹部，同时要注意避开肚脐。具体操作如下（附：视频2-27）：

视频2-27

1. 刮拭腹部任脉　自上而下刮拭腹部正中线。

2. 刮拭腹部胃经和脾经　沿着腹正中线旁开2寸、4寸刮拭腹部。

3. 刮拭腹部两侧　从正中线向两侧腹部由内向外刮，从上到下，先左后右，用边刮法刮拭整个腹部。

七、四肢部刮痧

四肢为十二经脉循行的主要部位，四肢刮痧可以直接疏通调理全身经络气机，通过刺激四肢穴位，可疏通气血、调整脏腑机能。刮拭四肢时，遇关节、骨骼凸起部位不可强力重刮。四肢部刮痧距离很长，一般可分为上臂、前臂或大腿、小腿分段刮拭。刮拭的方向多为由上向下，但对于下肢静脉曲张、水肿的患者刮拭的方向则应该从下向上刮拭。具体操作如下（附：视频2-28）：

视频2-28

1. 刮拭上肢内侧　刮拭上肢内侧面，从腋下到肘关节，从肘关节到腕关节，先刮上臂，再刮前臂，由上向下刮，在肘关节处停顿。

2. 刮拭上肢外侧　刮拭上肢外侧面，从肩关节到肘关节，从肘关节到腕关节，先刮上臂，再刮前臂，由上向下刮，在肘关节处可作停顿，可在肩髃、曲池、手三里、外关、合谷穴做适当点按法。

3. 刮拭下肢内侧 刮拭下肢内侧面，从大腿内侧根部刮至膝关节内侧，经箕门穴至血海穴，从膝关节内侧刮至内踝处，由阴陵泉穴至三阴交穴，先刮大腿，再刮小腿，从上向下刮，血海穴可重刮，大腿部肉多可重刮，小腿部胫骨内侧面肉少宜轻刮。

4. 刮拭下肢外侧 刮拭下肢外侧面，从大腿外侧髋关节部刮至膝关节外侧，从环跳穴至膝阳关穴，从膝关节外侧刮至外踝处，由阳陵泉穴至悬钟穴，先刮大腿，再刮小腿，从上向下刮，大腿部肉多可重刮，小腿部胫骨前嵴附近肉少宜轻刮。

5. 刮拭下肢后侧 刮拭下肢后侧面，从大腿后的臀横纹刮至腘横纹，经承扶穴至委中穴，从腘横纹刮至外踝，由委中穴至跗阳穴，从上向下刮，下肢后侧肌肉丰厚可重刮，而穴位中的委中穴可重刮。

八、关节部刮痧（以肩关节为例）

关节处是十二经筋结聚的位置，人体正常运动的关键。关节部刮痧可疏经通络、行气活血，常用于关节部的各种疼痛病证。因为关节周围的皮肉比较薄，故刮拭时应当注意根据具体肌肉的厚薄及时调整刮拭力度，以避免造成病人的不适。下面以肩关节为例，具体操作如下（附：视频2–29）：

视频2-29

1. 刮拭肩内　刮拭手少阴心经经过肩关节内侧部分，从极泉穴刮到青灵穴。

2. 刮拭肩前　刮拭手阳明大肠经经过肩关节前面部分，从肩髃穴刮到臂臑穴。

3. 刮拭肩外　刮拭手少阳三焦经经过肩关节外侧部分，从肩髎穴刮到臑会穴。

4. 刮拭肩后　刮拭手太阳小肠经经过肩关节后侧部分，从臑俞穴刮到肩贞穴。

5. 刮拭肩周穴位　刮板的板角点按刮拭肩髃、肩髎、肩贞穴。

第五节 注意事项

一、痧象

痧是在刮拭皮肤时，毛细血管扩张充血，经络气血中的邪气外排，而出现红色颗粒、血斑等的病理产物，痧象不同代表的意义不一样。

1. 痧象颜色

痧象颜色鲜明，色泽鲜红，多为热邪所致的急症、热证，如热感、中暑、高热、饮酒过多等（见图2-9）。

痧象颜色晦暗、青紫，色泽深沉，则多为寒邪所致的寒证、陈旧病症，如长期风寒冷痛，陈旧性劳损（见图2-10）。

图2-9

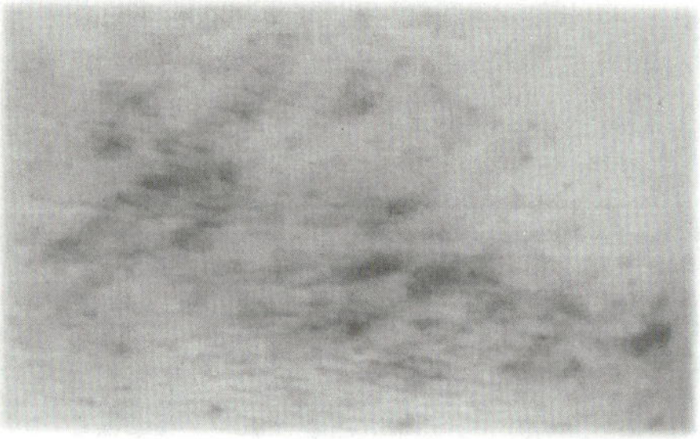

图2-10

2. 出痧多少

出痧较多，痧象重，多为实热证、血瘀证、痰湿证，如感染、炎证、瘀血等；

出痧少，且痧象轻，则多为气虚证、血虚证、寒湿证，如贫血、风湿病等。

3. 痧粒分布

痧色鲜红，痧粒分散、部位表浅，阳性反应物体积小、柔软，反射区疼痛感较轻，说明病情较轻，病程较短，体内毒素较少，微循环尚可；

痧色晦暗、青紫且痧粒密集、部位较深，阳性反应物体积较大、坚硬，反射区疼痛感较重，则说明病情较重，病程较长，体内毒素较多，微循环较差。

4. 痧象变化

治疗进程中，出痧由多变少，由密变疏，颜色由深变浅，阳性反应物结节由大变小，由硬变软，疼痛感由重变轻，说明治疗有效，疾病向好的方向转变。但气血不足的虚证、寒证在刮痧过程中，痧象由少变多，可视为疾病向好的方向转化。

5. 其他

①有些体质肥胖或肌肉发达、血虚证或寒湿证患者在刮痧时不易出痧，故不能以出痧的多少来判断效果。

②完全健康的人因毛细血管通透性和血液循环良好，代谢功能正常，故刮拭后一般不出痧。

二、刮痧前、中、后的注意事项

1. 刮痧前

①要仔细检查刮痧的工具，确保没有任何破损，以免刮伤皮肤。

②刮痧使用的刮痧板等工具，要严格用酒精进行消毒。最好一人一板，防止交叉感染。

③根据不同部位或病症，选择合适的刮痧油，比如疼痛部位需要舒筋活络，可以选择老姜刮痧油；脸部不宜用刺激性强的刮痧介质，可以选用薰衣草精油。

2. 刮痧时

①应注意室内保暖，尤其是在冬季应避寒冷与风口。夏季刮痧时，应避免风扇、空调等直接吹到刮痧部位。

②要选择舒适的体位，以便于进行刮拭操作，同时注意凝神聚气，做到心到、板到、手到。

③发力要均匀，由轻到重，以患者能够承受为度。

3. 刮痧后

①为避免风寒侵袭，要待腠理（皮肤毛孔）闭合恢复原状后方可洗浴，故一般刮痧后3小时以内忌洗澡。

②刮痧使汗孔开泄，邪气外排，要消耗体内部分的津液，因此刮痧后宜饮温水一杯，并休息片刻。

③前一次刮痧部位的痧印未褪之前，不宜在原处进行再次刮拭出痧，再次刮痧以皮肤上痧褪为标准。

三、晕刮及处理

晕刮是指在刮痧过程中患者发生的晕厥现象。

1. 晕刮产生的原因

①患者对治疗刮痧缺乏了解，精神过度紧张或对疼痛特别敏感。

②患者空腹、熬夜及过度疲劳。

③施术者刮拭手法不当，如体质虚弱、出汗、吐泻过多或失血过多等虚证，采用了重刮法。

④刮拭时患者体位不当，刮拭部位过多，时间过长，也会导致晕刮。

2. 晕刮的表现

在刮痧过程中，受术者出现头晕、目眩、心慌、面色苍白、出冷汗、四肢发冷、恶心欲吐或神昏卒倒等现象。

3. 晕刮的预防

①初次接受刮痧保健或精神过度紧张或身体虚弱者，应做好解释工作，消除受术者对刮痧的顾虑，同时手法宜轻。

②若受术者过度饥饿、疲劳或汗出大渴时，不要立即对其进行刮痧，应让受术者进食、饮水、休息后再进行刮拭。

③施术者在刮痧过程中要与受术者进行交谈，随时注意受术者的神色变化并询问受术者的感受，灵活调整手法，早发现早预防，避免出现晕刮。

4. 晕刮的处理

①如出现晕刮情况，立即停止刮痧。

②让受术者平卧，采取头高脚低体位，注意保暖。

③可以给受术者饮用温水或糖水，注意适当休息。

④必要时可点按人中、百会、涌泉穴，以振奋阳气，缓解症状。

⑤经过上述处理未缓解者，及时联系医疗机构诊治。

第三篇

临床篇

第一节 头痛

头痛是指患者自觉头部疼痛的一类病证，常见胀痛、空痛、闷痛、撕裂样痛、电击样疼痛、针刺样痛，部分伴有头部紧箍感，恶心、呕吐、头晕等。头痛是临床上常见的一个症状，可见于各种急慢性疾病。

头痛的发生常与外感、情志、饮食、久病体虚等因素相关。其病位在头，与手足六阳经、足厥阴肝经以及督脉相关。病机为气血失和、经络不通、脑络失养。西医学中的高血压、偏头痛、丛集性头痛、紧张性头痛、感染性发热、脑外伤及五官科病证等都可出现头痛。

刮痧疗法从疏通局部气血入手，对于缓解头痛有一定疗效。

视频3-1

【操作方法】（附：视频3-1）

一、刮拭头部

①患者取坐位，施术者立于患者身侧；

②参照头部刮痧刮拭全头，每个方向20 ~ 30次；

③刮拭痛点，刮拭时注意寻找有疼痛感觉的区域，对疼痛

部位要重点刮拭，每个部位刮拭20~30次，至头皮处有热感。

二、刮拭背部经脉、腧穴

①患者取俯卧位，施术者立于患者身侧；

②直线刮法刮拭背部正中督脉，从哑门穴到命门穴，刮拭20~30次；

③直线刮法刮拭背部两侧的足太阳膀胱经，从天柱到肾俞穴，附分穴到志室穴，刮拭20~30次；

④按揉法结合边刮法刮拭大椎、大杼、膏肓、神堂穴以及背部按压有疼痛部位，每个点刮拭20~30次，按揉5~10次；

⑤隔天按上述方法刮痧。待疼痛基本缓解后，再以补法刮拭上述经络与对症选穴5~10次，以巩固疗效。

三、刮拭相关腧穴

①患者取坐位，刮拭头颈部百会、头维、太阳、风池穴，每个穴位刮拭20~30次，按揉5~10次；

②刮拭上肢部合谷、外关、曲池穴，每个穴位刮拭20~30次，按揉5~10次；

③刮拭下肢部太冲、阳陵泉穴，每个穴位刮拭20~30次，按揉5~10次。

每日刮拭1次，10次1疗程。症状缓解后1周刮拭2次。若出痧，则痧褪再刮。

注意事项

1.刮拭头部穴位时，刮板与头皮夹角呈30°。手法要轻重适中、快慢得当，以免损伤头皮。

2.刮拭穴位时，应按从前到后、由上至下顺序进行。并尽量将刮拭轨迹延长、连线，如太阳、头维、风池三穴就可连成一线刮拭。

3.偏头痛需重点刮拭侧头部，并在侧头部寻找疼痛点进行重点刮拭。

4.头部有头发覆盖，可不涂刮痧油，如头发稀少或秃顶，可涂适量刮痧油。

5.头皮有疖肿处应避开。

第二节 落枕

落枕是指颈部突然发生疼痛、活动障碍的一种病证。多因睡眠姿势不当、枕头高低不适或太硬，使颈部肌肉长时间处于过度伸展状态而发生痉挛；或因负重颈部过度扭转；或体质虚弱、劳累过度，又颈部吹风、受凉，局部脉络受损，经气不调所致。常表现为晨起颈项强痛，活动不利，常常固定在某一特定的姿势，或在某一位置时疼痛加重，甚则牵引背部不舒。轻者4～5天自愈，重者疼痛严重并可向头部及上肢放射，迁延数周不愈。本病无论男女老幼皆可发生，是临床常见病、多发病。

落枕属颈部伤筋范畴，其病位在颈部经筋，与督脉、手足太阳经和足少阳经关系密切。病机为经筋受损，筋络拘急，气血阻滞不通。

视频3-2

【操作方法】（附：视频3–2）

一、刮拭项部经脉、腧穴

①患者取俯坐位，施术者站于患者身后；

②边刮法重刮颈部督脉，从风府穴到大椎穴，刮拭20～30次；

③边刮法重刮足太阳膀胱经，从天柱穴到大杼穴，每个部位刮拭20～30次；

④边刮法重刮肩部足少阳胆经，从风池穴到肩井穴，每个部位刮拭20～30次；

⑤边刮法重刮肩部手少阳三焦经，从翳风穴到肩髎穴，每个部位刮拭20～30次；

⑥刮拭局部穴位：点状重刮阿是穴、天柱、大椎、肩井穴，每个部位刮拭20～30次，按揉5～10次。

二、刮拭远端相关穴位

①患者取仰卧位，施术者站于患者身侧；

②点状重刮后溪、落枕、阳陵泉、悬钟穴，每个穴位刮拭20～30次，按揉5～10次。

刮拭结束，即给患者饮用一大杯热开水，使其通身出汗。落枕刮痧，需出痧，发病时不拘于每日1次，可1天刮2次。

注意事项

1.刮痧对落枕有显著疗效，一般刮拭2～3次就能痊愈。

2.患者有可能头向一侧歪斜，颈痛拒按，施术时不可强力摇动，而应手法熟练、轻巧，用力宜由轻而重，再由重而轻。

其 他

1.热敷：采用热水袋、电热手炉、热毛巾及红外线灯泡照射均可起到止痛作用。但必须注意防止烫伤。

2.贴膏药：贴伤湿止痛膏于颈部痛处，每天更换1次，止痛效果较理想，但孕妇忌用。

第三节 颈椎病

颈椎病又称颈椎综合征，是指颈椎骨质增生、颈项韧带钙化、颈椎间盘萎缩退化等改变，刺激或压迫颈部神经、脊髓、血管而产生的一系列症状和体征的综合征。是一种复发性慢性病，早期常感到颈部僵硬、酸胀、疼痛，有时伴有头痛、头晕、肩背酸痛，重者甚至大小便失禁，瘫痪。疼痛常因劳累或受寒而加剧，若病变累及颈动脉及交感神经时，则可出现头晕、心慌等症。本病好发于40岁以上的成年人，特别是长期伏案低头工作者。

颈椎病根据症状不同可归属中医学的“眩晕”“痹症”等范畴。与长期伏案久坐、跌仆损伤、风寒湿邪外侵颈项部或者体虚久病、肝肾不足等有关。其病位在颈部筋骨，与督脉、手足太阳经、手足少阳经密切相关，病机为筋骨受损，经络气血阻滞不通。

视频3-3

【操作方法】（附：视频3-3）

一、刮拭颈项部

①患者取俯伏坐位，术者站于患者身侧；

②边刮法重刮第二颈椎至第七颈椎，从哑门穴到大椎穴，即督脉颈部区域，刮拭20～30次；

③边刮法重刮颈椎两侧，从天柱穴到大杼穴，即足太阳膀胱经颈部区域，每个部位刮拭20～30次；

④边刮法重刮颈外侧，从风池穴到肩井穴，即足少阳胆经颈部区域，每个部位刮拭20～30次。

二、刮拭背部经脉

①患者取俯伏坐位，术者站于患者身侧；

②边刮法重刮背部正中线，从第一胸椎至第五胸椎，即督脉循行线，20～30次；

③边刮法重刮背部正中线左右旁开1.5寸、3寸，从第一胸椎至第五胸椎，即足太阳膀胱经背部第一、第二侧线，每个部位刮拭20～30次；

④边刮法重刮肩胛、肩胛冈区，每个部位刮拭20～30次。

三、刮拭上肢

①患者取正坐位，术者站于患者身侧；

②参照四肢部刮法之刮上肢，边刮法轻刮臂前、后、内、

外侧区，肘弯曲、肘前侧区，每个部位刮拭20～30次；

每日刮拭1次，10次为1个疗程，症状缓解后1周刮拭2次。若出痧，则痧褪再刮。

注意事项

1.临床有一些疾病的症状与颈椎病相似，像前庭功能紊乱、听神经瘤、眼源性眩晕、腕管综合征、脊柱肿瘤等。需先确诊颈痛原因，再进行对症治疗，以防贻误病情。

2.颈部刮痧多采用坐位进行，以便于掌握刮痧力度，最好不要趴在床上刮痧，手法要轻柔，力度适中，操作时要双手配合，稳定患者头部，不可强力硬刮，以免伤了颈部筋骨。

3.平时颈部不可长时间处于一种姿势，伏案工作一段时间后，要做抬头摇颈动作，缓解颈部肌肉群痉挛、紧张，睡眠宜用低枕。

第四节 肩周炎

肩周炎，又称漏肩风、五十肩、冻结肩，是以肩部疼痛、痛处固定、活动受限为主症的疾病。本病的发生，与肩周软组织的退行性病变、感受风寒湿病邪、慢性劳损、内分泌紊乱等因素有关。发病初期感到阵发性疼痛，尤其是夜间或冬季疼痛加重；检查时，肩关节周围有明显压痛；后期，因为出现肩关节的粘连，则表现以肩关节功能障碍为主，如上肢活动受限，抬举、外展、后伸都可引起疼痛，梳头、穿衣服等动作均难以完成；日久可发生肌肉萎缩，出现肩峰突起，上臂上举不便，后伸不利等症状，本病多发生于50岁左右的人。

肩周炎的发生与风寒侵袭肩部、劳损和体虚等有关，其病位在肩部筋肉，与手三阳经、手太阴经密切相关。其病机为肩部经络气血阻滞不通，或筋肉失于气血的温煦和濡养。无论是感受风寒、气血痹阻，或者劳作过度、外伤、损及局部经筋、气滞血瘀，还是年老气血不足、筋骨失养，都能够引发肩周炎。

视频3-4

【操作方法】（附：视频3-4）

一、刮拭背部经脉

①患者采用正坐位，前可有椅背或桌子作为支撑，术者站于患者背后；

②边刮法重刮第二颈椎至第七颈椎，从哑门穴到大椎穴，即督脉颈部区域，刮拭20～30次；

③边刮法重刮颈椎两侧，从天柱穴到大杼穴，即足太阳膀胱经颈部区域，每个部位刮拭20～30次。

二、刮拭肩部经脉

①患者采用正坐位，术者站于患者背后；

②边刮法重刮患侧肩部手太阴肺经，从云门穴到天府穴，刮拭20～30次；

③边刮法重刮患侧肩部手阳明大肠经，从肩髃穴到臂臑穴，刮拭20～30次；

④边刮法重刮患侧肩部手少阳三焦经，从翳风穴到肩髎穴，刮拭20～30次；

⑤边刮法重刮患侧肩部手太阳经，从臑俞穴到肩贞穴，刮拭20～30次。

三、刮拭局部相应穴位

①患者采用正坐位，术者站于患者背后；

②角刮法重刮患侧肩髃、肩髎、肩贞、肩井、曲池、外关穴和压痛点，每个穴位刮拭20~30次，再按揉5次。

每天施术1次，待症状好转后，改为轻刮法刮拭；症状基本消失后，刮拭1周，以巩固疗效。

注意事项

1.刮痧治疗肩关节周围炎，手法是关键，操作要认真。对早期疼痛剧烈者，手法宜轻，不宜过猛；晚期以功能障碍为主者，手法宜深透。

2.治疗时，对疼痛点施以弹拨、点压、按揉的刮法，以达到缓解痉挛、减轻疼痛、松解粘连、改善肩关节功能之效。

3.患者应注意平时不要让肩部受凉，并且一定要做适当的运动锻炼，防止进一步的粘连。运动锻炼：①爬墙运动；②甩手，患肢伸直做大幅度旋转运动；③体后拉手向上托运动；④肩臂内收跨肩牵耳运动。

4.本病须与肩部其他疾病鉴别，如肩关节化脓性关节炎、肩关节结核、骨肿瘤、肩关节骨折与脱位等，应对症治疗。

第五节 腰痛

腰痛也叫“腰脊痛”，是由各种原因引起的腰部一侧、两侧疼痛或者连同脊椎一起有疼痛感的一种病症，多见于脊椎病变、腰肌劳损、强直性脊柱炎、腰椎间盘突出、脊柱肿瘤，或由肾脏、生殖器官病变引起。

中医认为，凡受寒湿邪侵，或负重跌挫而致邪阻瘀滞，或年老体弱而精血不足均可引起腰痛。腰痛与肾、足太阳膀胱经以及督脉关系密切，其病机为腰部经络不通，气血痹阻，或肾精亏虚，腰部失于温煦、濡养。

视频3-5

【操作方法】（附：视频3-5）

一、刮拭腰部经脉

①患者取俯卧位，术者站于患者身侧；

②边刮法重刮腰部正中的督脉，从脊中穴到腰俞穴，刮拭20 ~ 30次；

③边刮法重刮腰部两侧的膀胱经第一、第二侧线，从三焦俞到白环俞穴，从肓门穴到秩边穴，每条线刮拭20 ~ 30次。

二、刮拭下肢

①刮下肢外侧足少阳胆经，从环跳开始，经过风市、膝阳关穴，然后从阳陵泉穴刮到悬钟穴，每个部位刮20～30次；

②下肢后侧足太阳膀胱经，从承扶穴到委中穴，从委中穴到昆仑穴，每个部位刮20～30次。

三、刮拭相关腧穴

①刮拭肾俞、志室、腰眼穴，每个穴位刮20～30次，按揉或弹拨每个穴位5次；

②用刮板的板体拍打膝窝处委阳、委中、阴谷穴，每个穴位5～10次。

每日刮拭1次，10次为1个疗程。症状缓解后1周刮拭2次。若出痧，则痧褪再刮。

注意事项

1.注意拍打力度由轻渐重，拍打要有间歇。

2.找到腰部的压痛区，即“阳性反应点”，可以按揉弹拨20～30次。

3.腰椎骨折者，在骨折愈合前禁刮伤处。

4.因脏腑病症引起的腰痛应同时治疗脏腑病症。

5.注意站和坐的姿势，应保持自然体位，至少每2小时全身活动5～10分钟，提重物时应先屈膝再提物直腰。

6.肥胖者应积极减肥，减轻腰部负担，有利于促进腰痛的康复。

第六节 中暑

中暑是指在高温或者热辐射的环境下劳作，人体体温调节功能紊乱而引起的中枢神经系统和循环系统障碍为主要表现的急性疾病。盛夏季节，天气炎热，在高温环境中劳作或烈日下远行，或在车船、剧院等公共场所人群拥挤，缺乏必要的防暑降温措施，遇体质虚弱及过度劳累，往往发生中暑，仅见头晕、头痛、懊侬、呕恶，甚则猝然昏倒、抽搐者。

中医认为，本病多因体质虚弱，感受暑热、湿浊。除了高温、烈日暴晒外，工作强度过大、时间过长、睡眠不足、过度疲劳等均为常见的诱因。其病机为暑热伤津耗气。

视频3-6

【操作方法】（附：视频3–6）

一、刮拭背部经脉

①患者取俯伏坐位或俯卧位，术者站于患者身侧；

②边刮法重刮背部正中的督脉，从大椎穴到命门穴，刮拭20～30次；

③边刮法重刮腰部两侧的膀胱经第一、第二侧线，从大杼

穴到肾俞穴，从附分穴到志室穴，每条线刮拭20～30次。

二、刮拭背部腧穴

边刮法重刮大椎、神堂穴，刮拭20～30次，再用板角按揉穴位5～10次。

三、刮拭胸部经脉

①患者改为仰靠坐位或仰卧位，术者站于患者身侧；

②边刮法刮拭胸部任脉，从天突穴到中庭穴，刮拭20～30次；

③角刮法刮拭两侧肋间隙，从正中线向左右两侧刮拭，先刮左侧，再刮右侧，从上往下刮。

四、刮拭体前腧穴

①角刮法泻法重刮头部水沟穴，刮拭20～30次，再按揉5～10次；

②角刮法重刮上肢部曲泽、内关、曲池穴，刮拭20～30次，再按揉5～10次；

③角刮法重刮下肢部阳陵泉、委中穴，刮拭20～30次，再按揉5～10次。

中暑为急性病症，故在发病之时即可刮痧，以出痧、症状缓解为度。

注意事项

1.施术前，应先使患者脱离烈日、高温场所，而置于通风的室内或阴凉处。

2.用力要由轻到重，刮拭面积要大，并尽可能拉长。

3.对重症昏迷患者，当先救厥，可用三棱针快速点刺水沟、曲泽、委中等穴，使瘀血和痧毒从血液里放出。待清醒后，再施行刮痧。

4.中暑昏迷不醒者，须严防因痧毒聚于心腹胸膈，致经络不转，气血不运，因此，凡放血而血不流，刮痧而“痧”不显时，必须及时送医院救治。

5.刮痧后避免吹风受凉，出痧后30分钟以内忌洗凉水澡，忌进食生冷瓜果和油腻食品。

第七节 感冒

感冒，也叫“伤风”即现代医学的上呼吸道感染性疾病。主要表现为鼻塞、流涕、头痛、喷嚏、咽痛、咳嗽、食欲不振、全身不适，重者周身酸痛，伴有恶寒、发热等。一年四季皆可发病，尤以冬春寒冷季节为多见，婴幼儿及年老体弱者易患此病。

感冒多因起居失宜、过度疲劳等导致正气不足，或气候骤变、涉水冒雨等使机体卫外功能难以适应，六淫、时行之邪侵袭人体而致病，以风邪为主因，与寒、湿、暑热或非时之气（时行疫毒）夹杂为患。本病病位在肺卫，病机为卫表失和，肺失宣肃。

视频3-7

【操作方法】（附：视频3-7）

一、刮拭头部

①患者取坐位，术者站于患者身侧；

②刮拭头部两侧，从头侧部的太阳穴、头维穴，由前向后刮拭，刮至耳垂后的发际处，每侧各刮20~30次；

③刮拭头部正中，以头顶部的百会穴为中心向前和向后刮拭，即从百会穴至前额，百会穴至项后，前后各刮20～30次。

二、刮拭颈部

①刮拭颈部正中，督脉循行线，从风府穴到大椎穴，刮拭20～30次；

②刮拭左右两侧足太阳膀胱经，从后发际上的天柱穴刮到大杼穴，每侧刮20～30次。

三、刮拭相应腧穴

①患者取正坐位，术者站于患者身侧；

②刮拭上肢部曲池、外关、合谷穴，每穴刮拭20～30次，再用板角按揉穴位5～10次；

③对症加穴，鼻塞不通者加迎香穴，高热、喉痛者加尺泽穴，头痛剧烈者加太阳穴，每穴刮拭20～30次，再用板角按揉穴位5～10次。

每日刮拭1次，症状缓解后即可停止。

注意事项

1.施术者应注意患者的保暖，冬春季如有取暖设施最好；如没有的话，则施术时要尽量使患者少暴露身体，且缩短刮痧时间。

2.若颈部肌肉较薄弱，颈椎棘突凸起较明显，可点压按揉椎间隙，每个椎间隙按压10秒左右即可。

3.如果症状较轻，每天刮1次即可；如果症状较重的话，可以每天刮2～3次。若刮痧后出痧较多，痧未褪去，不宜在出痧部位再次刮拭。

4.若发热、无汗，在刮拭之前，要先饮用一杯热水或热茶，然后再进行刮痧，或者刮痧后喝点温开水或粥，以助发汗解表、祛风散寒，增强刮痧治疗效果。

第八节 眩晕

眩晕是一种自身或外物的运动幻觉，呈旋转感、摇摆感和漂浮感。主要表现为头晕、眼花，轻者闭目即止，重者如坐车船，不能站立，有时伴有恶心、呕吐、汗出，甚至昏倒等症状。

中医认为肝阳上亢、痰瘀内阻或脑髓不充、脑窍失养是导致眩晕的原因。其病位主要在脑髓清窍。病因多与忧郁恼怒、恣食厚味、劳伤过度等有关。

视频3-8

【操作方法】（附：视频3-8）

一、刮拭头部

①患者取正坐位，术者站于患者身后；

②刮拭全头部，以百会穴为中心，呈放射状向全头发际处刮拭。这样刮拭可以经过全头穴位和刺激线，刮拭20～30次；

③刮拭头两侧，从头部两侧太阳穴开始至风池穴，经过穴位为头维、颔厌穴等，刮拭20～30次；

④刮拭前头部，从百会穴经囟会、前顶、通天、上星穴至

头临泣穴，刮拭20~30次；

⑤刮拭后头部，从百会穴经后顶、脑户、风府穴至哑门穴，刮拭20~30次；

⑥梳头法，用梳刮法从前发际向后发际成梳头状刮拭，刮拭20~30次。

二、刮拭颈部经脉

①刮拭颈部正中督脉颈部循行线，沿风府穴刮至大椎穴，刮拭20~30次；

②刮拭左右两侧足太阳膀胱经，从后发际上的天柱刮到大杼穴，每侧刮20~30次。

三、刮拭相应腧穴

①患者取正坐位，术者站于患者身侧；

②点刮按揉百会、四神聪、太阳、风池、天柱穴，每穴刮拭20~30次，再用板角按揉穴位5~10次。

每日刮拭1次，10次为1个疗程，症状缓解后1周刮拭2次。

注意事项

1.饮食要清淡，少食盐，少吃辛辣、油腻食物，忌烟酒。

2.规律生活作息，保证充足的睡眠，增强身体抵抗力。

3.眩晕发作时应立即休息，以防晕倒，发生意外。

4.对于中年以上之人，及时防治眩晕尤为重要，要治病求本，以防发展为中风。

第九节 失眠

失眠是以经常不能获得正常睡眠为特征的一种疾患，又称“不寐”“不得卧”。轻者难以入睡，或多梦，睡而易醒，醒后不能再睡；重者整夜不能入睡，属现代医学神经衰弱范畴。失眠常见于脑力劳动者，大病初愈、疼痛、瘙痒及呼吸、消化、中枢神经系统病变也会引起失眠。

中医认为此病多由思虑忧郁，劳倦过度，心脾血虚或病后、产后气血虚弱等导致，往往伴有头痛、目眩、健忘、怔忡等。其病位在心，与肝、脾、肾密切相关。其病机为心神不安，阳盛阴衰，阴阳不交。

视频3–9

【操作方法】（附：视频3–9）

一、刮拭头部

①患者取俯伏坐位或俯卧位，术者站于患者身后；

②梳刮法刮拭头部正中，督脉头部循行线，从神庭穴到哑门穴，刮拭20～30次；

③梳刮法刮拭头部两侧，足太阳膀胱经头部循行线，从曲

差穴到天柱穴，每侧刮拭20～30次。

二、刮拭背部经脉

①患者取俯卧位，术者站于患者身侧；

②边刮法刮拭背部正中线，即督脉循行线，从大椎穴到命门穴，刮拭20～30次；

③边刮法刮拭足太阳膀胱经背部第一、第二侧线，从大杼穴到肾俞穴，从附分穴到志室穴，每侧刮拭20～30次。

三、刮拭相关腧穴

①患者取俯卧位，刮拭心俞、肝俞、脾俞、肾俞，每穴刮拭20～30次，再用板角按揉穴位5～10次；

②患者取仰卧位，刮拭百会、神门、三阴交、太溪、照海、申脉穴，每穴刮拭20～30次，再用板角按揉穴位5～10次；

③症状渐消，睡眠好转后，刮拭三阴交、太溪、照海穴，巩固疗效，每穴刮拭20～30次，再用板角按揉穴位5～10次。

每日刮拭1次，10次为1个疗程，症状缓解后1周刮拭2次。若出痧，则痧褪再刮。

注意事项

1.刮痧术对失眠症有较好疗效，宜晨起重刮，睡前轻刮，因为晚间重刮会引起精神兴奋，影响睡眠。

2.刮痧时，术者应注意观察患者反应，调整手法和轻重缓急。掌握得法，可使患者在刮痧过程中入睡。

3.体质虚弱的顽固性失眠禁用重刮法刮拭。

4.可通过放松心情、听音乐、按时睡觉等方法预防失眠。

5.对长期受到失眠困扰的患者，除进行刮痧以外最好能找专科医生进行治疗。

第十节 呕吐

呕吐是指胃气上逆，胃中内容物从口中吐出。一般有声无物为“呕”，有物无声为“吐”，在临床上两者多同时出现，合称“呕吐”。

多由外邪犯胃、饮食不节、情志失调、体虚劳倦所致，其病位在胃，与肝、脾关系密切，其病机为胃失和降、胃气上逆。各种病症影响胃腑，使胃失和降、胃气上逆，均可导致呕吐。

视频3-10

【操作方法】（附：视频3-10）

一、刮拭背部经脉

①患者取俯卧位，术者站于患者身侧；

②边刮法背部正中的督脉，从大椎穴到脊中穴，刮拭20~30次；

③边刮法背部两侧的足太阳膀胱经第一、第二侧线，从大杼穴到胃俞穴，从附分穴到胃仓穴，每条线刮拭20~30次。

二、刮拭相关腧穴

①患者取俯卧位，刮拭脾俞、胃俞穴20～30次，再用板角按揉穴位5～10次；

②患者取仰卧位，刮拭内关、足三里、阳陵泉、公孙、太冲穴20～30次，再用板角按揉穴位5～10次。

注意事项

1.一般恶心欲吐即取颈前区用揪痧法，至出现痧痕后即止。

2.督脉位于脊柱正中，刮拭力量要适中，不可过大，以免刮破皮肤。

第十一节 腹痛

腹痛泛指胃脘以下、耻骨毛际以上的部位发生疼痛的症状。腹痛是临床常见的病症，可涉及内科、外科、妇产科的多种疾患，如急性胃肠炎、菌痢、胰腺炎、阑尾炎、肠梗阻、虫证、妇女痛经等。

腹痛多与感受外邪、饮食不节、情志不畅、劳倦体虚等因素密切相关。其病位在腹，与肝、胆、脾、胃、膀胱、大小肠有关。其病机是腹部脏腑经脉气机不畅，或脏腑经脉失养。

视频3-11

【操作方法】（附：视频3-11）

一、刮拭腹部经脉

①患者取仰卧位，术者站于患者身侧；

②刮拭腹部正中线，从中庭穴到中极穴，即任脉的循行线，刮拭20～30次；

③刮拭腹部两侧足阳明胃经，从不容穴到归来穴，每条线刮拭20～30次；

④刮拭腹部两侧足太阴脾经，从腹哀穴到冲门穴，每条线刮拭20～30次。

二、刮拭相关腧穴

①刮拭腹部腧穴中脘、天枢、关元，20～30次，再用板角按揉穴位5～10次；

②刮拭上肢部腧穴内关，20～30次，再用板角按揉穴位5～10次；

③刮拭下肢部腧穴足三里、三阴交，20～30次，再用板角按揉穴位5～10次。

注意事项

1.如属急腹症，在刮痧治疗的同时，应及时请医生诊治，以便采取相应措施。

2.腹痛是多种疾患的共同症状，辨清病因对治疗十分重要，故在施行刮痧疗法的同时应不失时机地查清原因。

3.腹部刮拭时，注意避开肚脐。

第十二节 泄泻

泄泻是指排便次数增多，粪质稀薄，或含未消化食物，甚至为水样便，严重时可出现便中有脓血、黏液的消化道疾病，常伴有排便急迫感、肛门不适、失禁等症状。

中医学认为泄泻多为感受外邪、饮食不节、情志失调、脾胃虚弱、年老体衰等原因所致。其病位在肠，与脾、胃、肝、肾密切相关，而最关键的因素就是脾失健运。基本病机是脾虚湿盛，肠道泌别清浊以及传导功能失司所致。

视频3-12

【操作方法】（附：视频3-12）

一、刮拭背部经脉

①患者取俯卧位，术者站于患者身侧；

②边刮法刮拭腰部正中的督脉，从脊中穴到腰俞穴，刮拭20 ~ 30次；

③边刮法刮拭腰部两侧的膀胱经第一、第二侧线，从脾俞穴到白环俞穴，从意舍穴到秩边穴，每条线刮拭20 ~ 30次。

二、刮拭相关腧穴

①患者取俯卧位，刮拭脾俞、胃俞、大肠俞穴20～30次，再用板角按揉穴位5～10次；

②取仰卧位，刮拭腹部腧穴天枢，20～30次，再用板角按揉穴位5～10次；

②刮拭上肢部腧穴曲池，20～30次，再用板角按揉穴位5～10次；

③刮拭下肢部腧穴足三里、上巨虚、三阴交，20～30次，再用板角按揉穴位5～10次。

注意事项

1.加强饮食、饮水的健康管理，养成饭前便后洗手的习惯，防止饮食不洁造成的腹泻；

2.饮食应有节制，不暴饮暴食，不吃腐败变质的食物、不喝生水；

3.泄泻病人应给予流质或半流质饮食，饮食宜新鲜、清淡、易于消化而富有营养，忌食辛辣、肥甘厚味；

4.夏季切勿因热贪凉，注意腹部保暖。

第十三节 便秘

便秘又称“大便难”，是指大便秘结，排便周期或时间延长，或虽有便意但排便困难的病症。临床以排便困难为主症，常伴有腹痛、腹胀、头晕、便血等症状。

中医学认为，便秘多与外邪侵袭、饮食不节、情志失调、劳倦体虚等因素有关。本病病位在肠，与脾、胃、肺、肝、肾的功能失调有关，其病机为大肠传导不利。肠腑疾患以及其他脏腑的病变都可以影响肠腑，导致肠腑壅塞不通或者失于濡润而引起糟粕内停。

视频3-13

【操作方法】（附：视频3-13）

一、刮拭腹部经脉

①患者取仰卧位，术者站于患者体侧；

②刮拭腹部正中线的任脉，从上往下刮，先刮上腹部正中线，再刮下腹部正中线，每条线刮拭20～30次；

③刮拭腹部左右两侧足阳明胃经循行线，从上往下刮，每条线刮拭20～30次；

④刮拭腹部左右两侧足太阴脾经循行线，从上往下刮，每条线刮拭20～30次；

⑤绕脐顺时针摩腹5～10圈。

二、刮拭四肢部经脉

①患者取仰卧位，术者站于患者体侧；

②刮前臂外侧前缘，手阳明大肠经循行线，从曲池穴到合谷穴，每条线刮拭20～30次；

③刮前臂外侧中间，手少阳三焦经循行线，从天井穴到外关穴，每条线刮拭20～30次；

④刮小腿前外侧，足阳明胃经循行线，从犊鼻穴到解溪穴，每条线刮拭20～30次。

三、刮拭体前相关腧穴

①患者取俯卧位，刮拭天枢、大横穴，20～30次，再用板角按揉穴位5～10次；

②刮拭上肢部腧穴支沟，20～30次，再用板角按揉穴位5～10次；

③刮拭下肢部足三里穴、上巨虚穴，20～30次，再用板角按揉穴位5～10次。

注意事项

1.饮食不可过于细腻，应多进食粗粮如玉米、糙米、红薯等，多食蔬菜、水果以促进胃肠蠕动。

2.避免过度的七情刺激，保持精神愉快，心情舒畅，减轻工作、生活所造成的压力。

3.保证适度的运动如慢跑、散步、跳绳等健身运动以促进胃肠运动，同时要加强腹肌的锻炼，以助排便。

4.生活规律有序，进食、睡眠、排泄、劳逸有时，养成良好的排便习惯，若排便确实困难，可短期服用促排便药物或定期清洁肠道，排除毒素。

5.不要随便因某种原因如肥胖等，长期服用泻药或滥用抗生素、安眠药等。

6.大便秘结排便困难者，可以甘油滴入肛门内，以免局部损伤；对数十天未排便且年老体弱者，应予灌肠以助排便。

7.刮痧对习惯性便秘有效，对其他疾病引起的便秘也能缓解其症状，但肿瘤诱发的便秘不属刮痧治疗范围。

第十四节 乳腺增生

乳腺增生又称“慢性囊性乳腺病”“乳腺小叶增生”，是指乳腺小叶发生良性增生，导致乳房内出现一个或数个大小不等的肿块，突出症状是乳房胀痛和乳内肿块，肿块表面光滑，与皮肤不粘连，可以推动。部分患者除肿块外可无任何其他症状。多随情绪波动及月经周期而消长，伴有月经失调、烦躁易怒等。其原因多与卵巢功能紊乱、内分泌失调有关。

视频3-14

中医学认为本病的发生多与情志不畅，痰湿阻滞、乳络不通有关。其病位在乳房，足阳明胃经过乳房，足厥阴肝经至乳下，足太阴脾经行乳外，故本病与胃、肝、脾关系密切。其病机多为气滞痰凝，冲任失调。

【操作方法】（附：视频3-14）

一、刮拭背部经脉

①患者取俯卧位，术者站于患者身侧；

②刮拭背部乳腺脊椎对应区，边刮法背部正中的督脉，从大椎穴到至阳穴，刮拭20～30次；

③边刮法背部两侧的足太阳膀胱经，从大杼穴到膈俞穴，从附分穴到膈关穴，刮拭20~30次。

二、刮拭相应腧穴

①患者取俯卧位，重点刮拭背部疼痛、结节等阳性反应处及天宗穴，20~30次，再用板角按揉穴位5~10次；

②患者取仰卧位，刮拭胸部相关腧穴屋翳、膺窗、膻中、乳根穴，20~30次，再用板角按揉穴位5~10次；

③刮拭下肢部相关腧穴，足三里、丰隆、三阴交、太溪、太冲穴，20~30次，再用板角按揉穴位5~10次。

每日刮拭1次，10次为1个疗程。症状缓解后1周刮拭2次。若出痧，则痧褪再刮。

注意事项

1.乳腺增生时，背部刮痧会在背部投影区相对应的部位出现痧斑或疼痛、砂砾、结节等阳性反应物，痧斑或阳性反应物的形态常常提示乳腺的增生形态、性质和程度。刮拭出痧或疼痛、结节等阳性反应物减轻或消失均是乳腺增生好转或减轻的表现。

2.乳腺增生应避免过度疲劳及精神压力过大，劳逸结合与心情舒畅有利于缓解症状，促进康复，同时忌食辛辣及刺激性食物。

3.治疗结束后，嘱患者饮200～300mL热开水，以助血液循环，加速新陈代谢。

第十五节 小儿厌食

小儿厌食是指小儿无其他慢性疾病，而较长时期食欲不振或食欲减退，甚至拒食的一种消化性病症。主要表现为食欲减退，饮食不化、腹满、胀痛、嗳气、呕吐乳食、大便腥臭等。

中医认为其多因喂养不当，损伤脾胃，或先天不足，脾胃素虚所致。其病位在胃肠，其病机多为脾胃运化失调，气机升降失常。

视频3-15

【操作方法】（附：视频3-15）

一、刮拭背部经脉

①患者取俯卧位，术者站于患者身侧；

②边刮法背部正中的督脉，从脊中穴到命门穴，刮拭20～30次；

③边刮法背部两侧的足太阳膀胱经，从脾俞穴到肾俞穴，从意舍穴到志室穴，刮拭20～30次。

二、刮拭背部腧穴

患者取俯卧位，点揉脾俞、胃俞、身柱穴，刮拭20～30次，再用板角按揉穴位5～10次。

三、刮拭腹部经脉

①患者取仰卧位，术者站于患者身侧；

②边刮法腹部正中的任脉，从中脘穴到气海穴，刮拭20～30次；

③边刮法腹部两侧的足阳明胃经，从梁门穴到天枢穴，刮拭20～30次。

四、刮拭体前腧穴

①患者取仰卧位，点揉中脘、天枢穴，刮拭20～30次，再用板角按揉穴位5～10次；

②刮拭上肢腧穴及双手四缝，20～30次；

③刮拭下肢腧穴，足三里、公孙，20～30次，再用板角按揉穴位5～10次。

每日刮拭1次，5次为1个疗程，症状缓解后1周刮拭2次。若出痧，则痧褪再刮。

注意事项

1.少食肥甘厚味及生冷食品，限制零食，以免影响食欲。

2.保持大便通畅，增食水果、蔬菜。

3.因小儿肌肤娇嫩，手法力度宜适中，不必过分追求痧痕出现，力度以出现潮红程度即可。